De: ....

Para: ....

Diretor editorial: Luis Matos

Editora-chefe: Marcia Batista

Assistentes editoriais: Ana Luiza Candido, Raíça Augusto e Raquel Nakasone

Arte e capa: Francine C. Silva e Valdinei Gomes

Fotos: ThinkStock (p. 5, 18, 21, 29, 34, 52, 57, 58, 62, 63 e capa), ShutterStock (p. 25), MorgueFile e Stock Xchng.

Dados Internacionais de Catalogação na Publicação (CIP)
Angélica Ilacqua CRB-8/7057

E572p Equipe Universo dos Livros
Para a pessoa mais especial que já conheci... você / Equipe Universo dos Livros. – São Paulo: Universo dos Livros, 2013.
64 p. -

ISBN: 978-85-7930-501-6

1. Dia dos Namorados 2. Presente 3. Citações 4. Amor

13-0420 CDD 808.8

Universo dos Livros Editora Ltda.
Rua do Bosque, 1589 – Bloco 2 – Conj. 603/606
Barra Funda – São Paulo/SP – CEP 01136-001
Telefone/Fax: (11) 3392-3336
www.universodoslivros.com.br
e-mail: editor@universodoslivros.com.br
Siga-nos no Twitter: @univdoslivros

Para a pessoa mais especial que já conheci...

Você

São Paulo
2013

UNIVERSO DOS LIVROS

Você está sempre comigo,
em meu pensamento e em meu coração.

Eu te percebo em cada gesto de carinho
e o brilho do seu olhar me acompanha
em todos os momentos.

Nas dificuldades, sinto você segurar a minha mão e dizer que está ali comigo.

Quando ouço nossa canção,
eu me lembro de todos os
dias felizes.

Eu quero ser a razão do seu sorriso,
pois ele é a razão da minha felicidade.

Desde os primeiros dias, sabia que nosso amor seria único.

O nervosismo do primeiro encontro, as primeiras declarações...

A espera por uma ligação parecia eterna...

Como foi difícil comprar o primeiro presente,
conhecer os seus gostos.

Ainda lembro do primeiro desentendimento
e da tristeza que senti...

Mas a alegria da reconciliação
me fez dar valor.

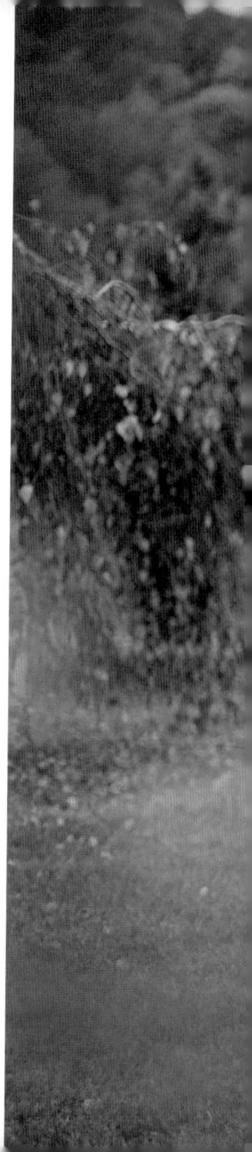

Lembro que pensei em lhe escrever
algumas palavras.
Mas nada, naquele momento,
conseguia exprimir o que sentia.

Só meu olhar demonstrava
o que eu já sabia...

Recordo do primeiro "eu te amo",
meus batimentos se aceleraram tanto,
que tornaram vivas cada célula do
meu corpo.

Naquele instante o tempo parou,
só existia eu, você e nada mais.

Você é a coisa mais importante
que já me aconteceu. É o motivo dos
meus sonhos, inspiração para a poesia...

Reconheço-te nos primeiros raios
de sol que me despertam.

No brilho do luar.

Teria de ter a genialidade de Deus para te criar...
... ser Da Vinci para te retratar...

say— good - bye.—
A maj9
(No,
no,—
no.
A maj9
no,
(No.

... ser Drummond para te resumir em versos...
... ser Bach para que cada nota musical pudesse trazer seus encantos...

Chapter Thirteen
René Descartes
Doubting Our Way to Certainty

... ser Descartes para definir meu sentimento...

Nem Freud nem Jung conseguiram
descrever o que é o amor, mas todos
que o sentem como eu
não têm dúvidas do que seja.

Ele reuniu em uma mesma palavra
todos os sentimentos bons...
Carinho, admiração, atenção, zelo,
paixão, respeito, emoção.

Eu não consigo parar de amar você,
e nem quero. Sinto-me pleno e feliz por amar.

Você me faz sonhar enquanto durmo...
Tenho vontade de dizer bem alto para que o mundo possa ouvir que *eu te amo*!

Será que é preciso ser imortal para que o tempo ao seu lado seja suficiente?

Iria até o céu para te
encontrar como um anjo.
Se preciso fosse,
te resgataria no inferno.

Desde que você entrou da minha vida, o "Eu" transformou-se em "Nós".

Amar você é a melhor coisa que faço...
... brigar com você foi a pior loucura que fiz.

Quero fazer tudo com você,
até as coisas chatas.
Ficarmos juntos é o que podemos
fazer de mais sábio.

Quero fechar os olhos
e mostrar com essa singela
homenagem, o quanto você é
importante para mim.

Agradeço por me ensinar a cada dia o significado da palavra amor!

Este livro foi composto na fonte CT Mercurius,
e impresso em papel *Couchè* 110g/m² na Cly.